Yaouba Kahlom

Les Panacées verbales

Yaouba Kahlom

Les Panacées verbales

Poèmes satiriques

Éditions Muse

Cover image: www.ingimage.com

Publisher:
Éditions Muse
is a trademark of
Dodo Books Indian Ocean Ltd., member of the OmniScriptum S.R.L Publishing group
str. A.Russo 15, of. 61, Chisinau-2068, Republic of Moldova Europe
Printed at: see last page
ISBN: 978-620-3-86679-7

YAOUBA KAHLOM

Les Panacées verbales

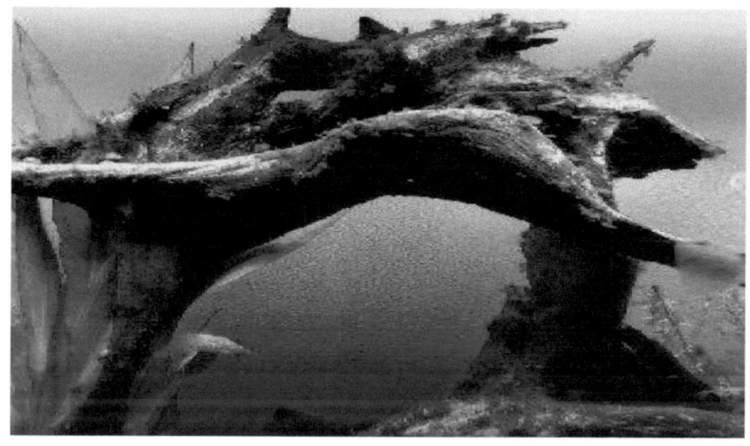

Recueil de poèmes satiriques et élégiaques

Si la nuit dure si longtemps
Et que les étoiles sont absentes
Dans le firmament
Il faut que les bougies soient allumées
Et que les lampadaires soient placés
Partout
Afin que nul ne sombre
Dans les ténèbres

Yaouba KAHLOM

CRI D'AFRIQUE

L'Afrique s'effondre

Oh ! mon Afrique s'effondre !
Elle s'effondre sous des coups de fronde
Des barbes blanches aux désirs de démon !

Au cœur de l'Afrique, j'entends des cris aigus,
Oui, des cris de douleur et de malheur
Des peuples délaissés par leurs immuables élus .
Ils se noient dans la mer de misère
Et meurent sous les coups d'épée des terroristes,
Mais leurs chefs font la politique de touristes.

Oh ! mon Afrique s'effondre !
Elle s'effondre sous des coups de fronde
Des vieux lions aux mains trop longues !

En Afrique de l'Ouest, je vois un fleuve de sang
Qui inonde les rues des capitales ;
Tranchées y sont toutes les têtes de manifestants .
Le ciel s'assombrit et les maisons se vident
Pendant que les prévaricateurs et filous vident
Les caisses de l'État pour aller dormir en Occident.

Oh ! mon Afrique s'effondre !
Elle s'effondre sous des coups de fronde
Des conservateurs au cœur de morpion !

Au Maghreb, la femme est une proie de la loi;
Elle n'a pas de voix pour exprimer son choix .
Les armes s'y vendent comme des beignets

Et les autorités sont dépassées par l'insécurité,
Car elles interdisent toutes formes de liberté .

Oh! mon Afrique s'effondre !
Elle s'effondre sans cesse
Sous d'inhumains business
Des familles aux ventres éléphantesques !

En Afrique orientale,
La xénophobie est comme une furie des eaux;
Les élus transforment leurs bureaux
En de gros tuyaux
De business de haut niveau .
Pour eux, tout est permis,
Car Mandela est déjà parti.

Oh ! mon Afrique s'effondre !
Elle s'effondre à une vitesse infernale
À cause des passions trop folles
De certains vieux chacals !

En Afrique de l'Est,
Naissent des montagnes de guerres intestines;
Elles sont le menu quotidien de leurs cuisines .
Manipulés par les politiques diabolisés,
Les peuples embrassent le trépas,
Car chaque ethnie veut créer son État .
Là-bas, le dialogue entre voisins est interdit;
Les frontières sont fermées même si
Ils n'ont plus de riz.

Ô chers Ancêtres d'Afrique,

Notre Terre est mourante sous des actes sataniques !
Je sais que vous m'entendez,
Car vous n'êtes pas morts .
Réveillez-vous et libérez l'Afrique
Des mains des matadors !

Ô jeunesse de mon Afrique,
Ne mangez plus le gombo des criminels !
Levez-vous et invoquez l'Éternel
Pour que notre Afrique redevienne magnifique !
Que ceux qui s'élèvent contre nous
Soient enterrés dans un profond trou !

Gondwana se pourrit

Mon beau Gondwana, naturellement béni,
Descend aux enfers malgré nos cris
Et nos prières de pierre.
Ses forêts et son sous-sol sont en pleurs,
Car ils sont exploités à tort et à travers
Par des gens aux pensées de ver de terre.

Aucun des secteurs de mon pays n'est opulent,
Car il est sous le joug de gourmands
Qui ne savent que piller et gaspiller
Pour satisfaire leurs noires veillées.

Ces vautours pilleurs ont de gros désirs
De voir des pères mourir,
De voir des mères souffrir,
De voir des filles transformées en objets de plaisir
Et de voir des garçons devenir des gangsters et terroristes
Pour enfin atteindre leurs fins népotistes.

Ces gourmets aux dents de Lucifer
Envoient fièrement aux enfers
Les cerveaux en fer.
Ils les remplacent avec leurs vrais sœurs et frères
Aux compétences de ver de terre.
Ils sont prêts à vider les trésors publics
Pour effectuer leurs tâches sataniques
Et finalement nourrir le public
Par des paroles démagogiques.

Même en temps de crises,
Détourner est ce qui les caractérise.
Ainsi, tout fonds entre dans leurs valises,
Et le peuple périt à cause de leur gourmandise .

Cris du pays ou pays de cris

Je suis venu dans ce pays
Comme un roi qui crie
Et qui désire la victoire.
Mais tout m'y est un déboire !

Dans ce temple de tourments,
Les crevettes deviennent serpents,
Les vieux redeviennent enfants,
La nuit dure si longtemps,
Le jour a le sommeil d'éléphant
Et personne ne s'inquiète du temps.
Dépassé, on ne sait plus compter:
Une semaine est égale à une année,
Et du coup, tout est désorienté.

Dans ce cruel désert,
La jeunesse n'a plus de repères;
Aussitôt, elle se perd
Et devient victime d'innombrables ulcères .

Dans ce maudit pays,
Les cris se multiplient,
Les sans-abris se fructifient,
Le riz est fini
Et le sourire se déguerpit.
Ainsi pour assurer sa survie,
Tout le monde rêve d'aller à Paris,
Une sorte de Paradis.

La gueule de l'Atlantique

Béante est la gueule de l'Atlantique;
Elle engloutit sans se lasser les jeunes d'Afrique
Qui, malgré leurs longues études, ont un avenir pathétique.

Rouge est la salive de l'Atlantique,
Car elle dévore à tout moment
Les enfants déçus du riche continent
Où tout est politiquement tragique.

Noire est la cour de l'Atlantique,
Car elle grouille de monde sans pouvoir
Et couronné de désespoir.
Mais la jeunesse noire a espoir
Qu'ailleurs elle aura à boire.

Tout le monde veut traverser la mer méditerranéenne
Afin d'être loin de l'étang de géhenne,
Mais nombreux sont ceux qui périssent
Dans le ventre des baleines rousses .

Ils préfèrent mourir dans la mer
Que de patauger dans la misère
Provoquée par de gloutons pères.
Ils sont prêts à affronter tout danger,
Car ils ne veulent plus être longtemps manipulés,
Négligés, piétinés, chosifiés et délaissés.
Ils veulent se frayer un chemin pour un avenir radieux
Et bâtir leur temple dans le jardin le plus merveilleux.

Cependant, peu arrivent à destination.
Les heureux arrivés vivent la vie de prison,
Car personne ne veut de leurs têtes.
Ils sont casés comme des bêtes;
Ils meurent de froid et de faim;
Le regret et la souffrance sont leurs parfums.
Devraient-ils se déferler pour l'Occident,
S'ils avaient quelque chose à mettre sous la dent ?
Seraient-ils dans la gueule de l'Atlantique,
S'ils n'avaient pas été reniés par les politiques ?

Cri d'un nouveau-né

Ô chers grands-parents,
On est encore sans dents.
Mais demain, on en aura mille
Qui auront assez besoin de mil
Pour grandir et devenir fortes.
Alors, ouvrez-nous les portes
Pour qu'on ne soit pas sans gourdins
Et qu'on demeure esclaves de demain.

Ô chers papas,
Si vous nous refusez le repas,
On ne marquera pas bien le pas
Et le trépas nous prendra le bras.
Et du coup, tout sera du caca .

Ô chers patriarches népotistes,
Cessez d'être tribalistes,
Cessez d'être favoritistes,
Car cela engendre des terroristes.

Pourquoi voulez-vous tout détourner ?
Pourquoi voulez-vous tout encaisser ?
Pourquoi voulez-vous tout bouffer ?
Savez-vous qu'on est en danger ?

Réveillez-vous et changez de mentalité !
Semez partout la liberté et l'intégrité !
Plantez partout la solidarité et la probité!
Ainsi, épanouie sera notre chère société !

Démocratie à l'africaine

Sous les nuages de la démocratie,
On nous a dit haut et fort
Que le pouvoir nous reviendra,
Que nous serons maîtres de notre destin,
Que nous aurons la liberté totale…
Mais une goutte de ce système nous a suffi
À déduire qu'on est sous le joug de la dictocratie .
Car nos voix ne comptent point,
Nos cris sont ignorés,
Nos plaintes sont rejetées,
Torture et calvaire sont nos salaires,
Prison et pendaison sont nos refuges...
C'est un système
Qui n'aime pas de bruit,
Qui n'aime pas d'opposants,
Qui n'aime pas de reproches…
Il aime faire tout à sa façon,
Il aime appauvrir les pauvres,
Il aime faire éterniser ses gourous au trône ...
Pourtant dans les rues,
ses pratiquants entonnent
Le chant de liberté,
Le chant de changement,
Le chant d'épanouissement...
Voilà ce qu'on appelle la démocratie à l'africaine.

RIO DOS CAMAROES

L'Enseignant saigne

Dans ma contrée, l'éducateur,
Formé ou bénévole vacataire,
Est piétiné comme un ver de terre,
Car il n'est pas armé comme un militaire.

Dans ma contrée, l'enseignant est un tam-tam!
Un tam-tam que tout le monde bat!
Un enfant le bat !
Un militaire le bat!
Un parent le bat!
L'État lui-même le bat!
Puis, on lui demande de se taire et d'enseigner!

Dans ma contrée, on massacre les enseignants
À coups de compas et de machette
Comme on découpe une pastèque!
Mais on n'y mène aucune enquête,
Car sa chair est trop moins chère.
Puis, on condamne
Les autres d'être calmes.
Sinon, ils seront supprimés
De la liste argentée.

Comment enseigner quand on est piétiné ?
Comment enseigner quand on est blessé ?
Comment enseigner quand on se sent tué ?

Dans cette atmosphère funèbre,
L'éducation nationale s'assombrit,

La jeunesse se nourrit des choses pourries
Et tout prend la direction des ténèbres.

L'avenir s'annonce de plus belle calamiteux,
Car le dangereux écrase le merveilleux !
Doit-on continuer à se taire
Malgré notre descente aux enfers?
Ou se lever et dire halte à cette attitude barbare ?

Vie de calvaire

Ô Ciel, ô Terre,
Nous vivons la misère !
Nos jours sont des ulcères
Et nos nuits des cancers !

Pour avoir un peu de haricot
Dans notre vieux pot,
Il faut nous jeter dans l'eau
Et parfois risquer notre peau .

Avoir un beignet ici
Est une véritable acrobatie
Qui s'effectue sur les dents de scie,
Mais c'est le seul moyen de rester en vie .

Regardez vers votre main droite,
Il y a des enfants qui naissent rois;
Toujours pleines sont leurs boîtes
Tandis que la misère règne sous nos toits .

Regardez vers votre main gauche,
Il y a des gens aux regards louches .
Ils portent toujours des chemises blanches,
Mais tous les dimanches, ils tranchent
Les têtes des innocents pataugeant
Pourtant dans l'étang de disette alarmante .

Levez vos yeux vers les cieux,
Il y a des vieux crapauds crapuleux

Qui font de profonds creux
Sur le passage des gens déjà malheureux .
Et pourtant de jour, ils se disent toujours
Que le cœur est plein d'amour .

Si on pouvait fouiller dans leurs bureaux
Où le sou est le seul tuyau
Pour sortir de l'eau,
On aurait retrouvé des âmes brillantes
Enterrées toutes vivantes .

Ô Ciel, ô Terre,
Ayez pitié de notre pays !

Ingratitude

On a longtemps arboré la tunique de mouton
Pour faire de toi un grand patron,
Mais en retour, tu nous traites de cons
Et nous envoie périr en prison .

Sous un soleil vomissant des feux,
On a traversé pieds nus le plus vaste désert
Bravant des épines dures tels des fers
Pour faire de toi un dieu,
Mais en retour, tu nous crèves les yeux .

On a longtemps chanté ton nom
Sur toutes les ondes de renom,
Croyant qu'il pleuvrait du miel
Sur notre chère terre natale,
Mais en retour, tu nous prives de tout .

On dort sur la paillasse,
On mange une fois par semaine,
On boit la même eau que les oiseaux;
Mais tu le trouves très normal,
Car nous voir réussir et nous réjouir t'est anormal.

Tu t'es fait entouré des siens
Et tu as fait de nous tes chiens,
Mais sache que le soleil s'éclipse .
On ne chassera plus pour toi;
On te chassera plutôt de Troie .
Certes, tu es un vénéré roi,
Mais tu seras un jour une proie .

Les pleurs noirs

Ma Terre ne peut plus se taire,
Car chaque heure elle enterre
Des innocents sans père .

Ma Terre crie tel un grillon de minuit;
Elle frémit et gémit de jour et de nuit,
Car taris sont ses greniers et puits .

Ma Terre tord de douleurs,
Car les corrupteurs et prévaricateurs
L'habillent chaque heure de malheurs .

Pourquoi transformer ma Terre en enfer ?
Pourquoi faire de ma Terre un martyr ?

Le cri d'une sahélienne

Sous un ciel nébuleux,
Je vis venir mon destin ténébreux.
Mais, je n'avais pas la force d'un dieu
Pour le rendre lumineux.

Exécutant l'ordre d'une vieille vipère
Aux yeux de diablesse sans repères,
Mes parents me prirent comme un gangster
Et me déshabillèrent fièrement.
Hélas ! Silencieux fut le firmament !
J'étais pressée comme une serpillière
Et ivre de colère.
Toutefois, la vieille coupa ma clitoris.

Un fleuve de sang jaillit de mon sexe;
Il emporta mon désir et mon plaisir
De se sentir à l'aise auprès d'un homme
Et m'arbora d'une robe de misandrie.

Toute ma vie, je saigne!
Je saigne de l'intérieur et de l'extérieur.
Je suis noyée dans l'océan de malheurs .
Je cris, oui je cris si fort
Dans le but d'éradiquer cet acte barbare
Qui enterre vivantes des innocentes
Et qui donne la dignité féminine au vent.

Ô peuples d'Afrique!

Dieu est-il fou en nous donnant ce beau cadeau
Qui rend si heureux et si doux
Le train de vie d'un couple ?
Alors, soyez aussi souples
Envers vos filles pour un avenir
Pleins de beaux sourires.

Stoppez ce rite cruel!
Enlevez-lui sa tunique d'immortel
Et donnez-lui la mort éternelle,
Car vos filles veulent aussi du bon miel.

Une âme dans l'impasse

Partout où je vais, je suis étranger !

Quand j'atterris au Grand-Nord,
On me traite de porc,
Car je ne fréquente pas leur mosquée.
On m'y traite aussi de marabout,
Car je ne fais pas partie de leur église
Où on crie comme des loups-garous.

Quand j'arrive au Grand-Sud,
On me traite de mouton
Car, disent-ils, je suis con
Telle une grosse pute.
On s'y moque de ma façon de m'habiller;
Pour eux, mon accoutrement est démodé.

Quand je quitte le Grand-Ouest
Pour faire des affaires au Centre,
On m'y traite de gros cancre
Et de sale peste,
Car je n'ai pas les mêmes convictions
Que les pairs de Grandes Ambitions.

Quand je descends sur les rives de Wouri,
On me traite de cerveau pourri
Parce que j'ai la tête d'un Beti.
On m'appelle aussi ***sardinard***
Et je leur réponds : "Oui ***tontinards*** !"

Cela engendre des bagarres .

Où devrais-je aller ?

Que devrais-je faire pour survivre ?

Qui empêchera mon pays de descendre aux enfers ?

Comment faire pour recouvrer notre intégrité ?

[1]

1

Plaintes

J'ai battu tous les records;
J'ai aussi un beau corps;
Il ne me reste qu'à glaner de l'or.

Mais mon accent de Nordiste
A incité des dieux à m'emballer
Dans leur foulard tribalisme.

Ils ont commencé à me parler
En leur langue couleur de favoritisme
Pour s'assurer si je suis un étranger.

Ayant su que je venais du Nord,
Ils ont pris un tonneau vide du Sud
Et ils m'ont mis à la porte .

Étonné suis-je
Comme certains de leurs frères !
Mais que voulez-vous que je dise ?

J'ai crié et chanté l'injustice;
Ils ont ri et ils m'ont dit
D'aller me plaindre à la police .

Je suis camerounais

Je suis Beti,
Ma mère est Bamiléké,
Ma grand-mère est Toupouri
Et ma femme est Pygmée.
Dans mes veines coulent aussi
Bien le sang Bulu et Mofu,
Le sang Mbororo et Kotoko,
Le sang Sawa et Baynawa,
Le sang Bassa et Massa
Que le sang de tous les Camerounais.

Je vis et je me soucie,
Jour et nuit,
À midi et à minuit,
Des ennuis et cris
Des gens de mon pays.

Autour de ma petite grotte en fumée,
Je vois des maisons dévastées,
Des emblèmes brûlés
Et des innocents arrêtés, séquestrés et tués.
Pourquoi vouloir tout saccager?

À travers la vitre cassée d'un camion,
Je vois des éléphants et lions
Toujours champions,
Car avec leur pognon,

Ils glanent toujours des pions.

J'ai aussi entendu sous l'harmattan
Des chevaux non partants
Crier à tambour battant
Et au tam-tam assourdissant
Pour inciter les faux combattants
Aux duels sanglants.
Pourquoi vouloir faire couler du sang ?

Où sont passés
L'unité et l'intégrité ?
Le vivre-ensemble et la ***camerounité*** ?
La méritocratie et la démocratie?
Le multiculturalisme et le patriotisme?
Où sont-ils passés ?
Dans vos marmites toujours fermées?
Dans vos sacs toujours lourds
Ou dans le pays des vautours?

Deux cents ethnies pour un seul pays,
C'est une grosse richesse!
C'est aussi une liesse sans cesse!
Alors, restons unis !

Je suis camerounais,
Prêt à réconcilier les familles disloquées,
Les esprits et forces opposés.
Je suis aussi prêt à rendre rose
Mon pays, et non y semer un climat morose;
Je suis prêt valoriser l'image de mon pays,
Et non à la salir par de rouges vernis;

Je suis prêt à réfléchir sur le devenir de la jeunesse,
Et non à inciter celle-ci à la paresse;
Je suis prêt à donner la chance à tous
Et pourvoir du couscous à tous.
Êtes-vous comme moi ?
Ou bien les Camerounais sont-ils vos proies ?

Camerounais, soyez fiers de l'être
Sans faire disparaître
Notre richesse culturelle
Et sans voler nos biens naturels.
Que la promotion de l'intégration nationale
Nous soit un impératif total !

RELIGIONS

Les Saints impurs

Le messie est venu pour libérer
Les condamnés à mort;
Il n'a jamais violé des fidèles à mort
Comme font les Saints diabolisés.

L'Agneau a apporté en mains
Des nourritures et parfums
Pour nourrir et oindre les affamés,
Mais les Saints vendent des potions et de l'eau
Aux personnes qui sont dans l'eau.

Emmanuel est venu réconcilier
Les gens qui se haïssent,
En usant son immense sagesse,
Mais les Saints plongent dans la détresse
Les gens qui ne sont pas de leur obédience.

Le Bon Berger a apporté du pain
À ses brebis fidèles,
Mais les Saints arrachent aux fidèles
Tout ce qui est dans leurs mains
Pour aller le dilapider dans les bordels
Ce qui a été donné à l'Éternel.

L'Admirable Conseiller recommande
D'aimer son prochain comme soi-même,
Mais les Saints chassent ceux qui leur demandent
Du pain et haïssent ceux qui ne sont pas
Dans leur église mesurée avec le compas.

Ô supposés hommes de Dieu!
Ô pseudo femmes de Dieu !
L'Église n'est point un lieu
De paye pour vos ébats interdits
Et vos voyages non permis!

Ô filles de Lucifer!
Ne venez point à l'église
Pour corrompre le cœur des fidèles en fer
Du Christ, en exhibant vos fesses
Et vos seins avec allégresse
Pour qu'ils vous rejoignent en enfer !

Ô guerriers de Satan !
Ne venez plus exploser l'église
Avec vos ceintures d'anges
Des ténèbres aux dents
Bien acérées
Et bien armées !

L'Église n'est point
Un lieu de tontines !
Elle n'est encore moins un marché de sardines,
Gages d'une division en embonpoint !
Dieu est Amour
Il siège dans une Église
Où règnent l'union et le partage.

L'Église, c'est Dieu.
Elle n'est pas un lieu
Créé par un vieux

Pour préparer sa retraite.

L'Église, c'est le corps du Christ
Qu'on interdit de découper
En particules fines lamelles
Pour faire ses caramels !
Elle est unique et indivisible !
Elle est incorruptible !
Elle est un véritable Amour
Et une source intarissable de bonheur.

Que L'Église soit une pierre angulaire
De la paix et non des conflits !
Qu'elle soit à l'image de Christ
Et non à celle de Lucifer !

Islamique ou islamiste

Un bon musulman est une personne
Qui est toujours éveillée
Et toujours prête à aller à la mosquée
Dès que le premier chant du muezzin résonne.
Mais celui qui dort
Pendant l'heure de la prière est une pierre
Qui vise les fidèles croyants
Tenant en main leur Coran.

Un bon musulman est toujours blanc de cœur
Comme son boubou couleur d'or
Qu'il arbore chaque vendredi
Pour aller dire merci
À Allah et écouter sa Parole
Qui sert de parasol
Contre les dangers de la vie
Et qui donne la vraie vie.
Mais, celui qui va à la mosquée
Avec les ceintures kamikazes
Pour faire des ravages
N'est pas un musulman,
Il est plutôt un envoyé de Satan .

Un bon musulman respecte
Les cinq prières de tous les jours
Pour rendre pur son cœur,
En suivant l'exemple de Mahomet.
Celui qui répète sans cesse

Les versets de son marabout
Qui sèment partout de la détresse
Comme un fou loup-garou
N'est pas un musulman,
Il est plutôt un talisman.

Un bon musulman ne frôle jamais
Les préceptes de Ramadan
Car c'est un moment
De communion permanent
Avec son Coran et Allah.
Celui qui incendie des villes et villages
Pendant le temps de jeûne
N'est pas un musulman,
Il est plutôt un taliban.

Pourquoi être musulman sans être musulman ?

Contemplations

En contemplant mon immédiat univers,
Je me suis rendu compte que les vrais pervers
Ne sont pas seulement les pères de Bière,
Mais surtout ceux qui se disent Pierre .

En contemplant avec minutie la nature,
J'ai compris que ce qui nous dénature
N'est pas seulement connexe aux immatures,
Mais surtout aux grands Juda-Pierre
Qui brisent nos clavicules moins dures .

En regardant tout autour de nous
J'ai compris que ceux qui nous jettent dans le trou
Sont ceux qui tentent de délivrer les fous
Car ils ont des projets trop fous .

En observant très méticuleusement
Tous les firmaments
J'ai compris que les vrais homosexuels
Sont les porteurs de gros livres saints.

Mais où va la religion ?
Dieu est-il mort?
Pour parler comme Spinoza.

APOCALYPSES OU COLÈRES

La Terre pleure

La Terre pleure,
Car elle perd sa verdure
Et fait face aux sanglantes tortures
Des mains aux dents très dures .

La Terre pleure et gémit,
Car les cannibales vident ses entrailles
Pour leurs supposées merveilles;
Ils s'en foutent du bas-fonds qui périt .

La Terre pleure et frémit,
Car elle est suffoquée
Par de lourdes fumées
Qui empoisonnent sa source de vie .

Les hurlements et cris de la Terre
Se métamorphosent déjà en coups de tonnerre
Et ses larmes en une orage affamée
Qui ravage villes et villages dorés .
Où habiterons-nous ?

La nudité de la Terre
Blesse la piété du dieu Soleil .
Conséquence : tout prend feu !
La forêt amazonienne est en feu !
La forêt équatoriale est en feu !
Toutes les merveilles de la nature s'enflamment .
Où allons-nous nous abriter ?

La Terre pleure tout en étant en guerre !
Une guerre contre d'autres terres
Qui accusent la planète bleue
D'avoir rendu leur air irrespirable .
Ne serions-nous pas exterminés
Par ses extraterrestres sans pitié ?

Ô chers climato-sceptiques !
On en a marre de vos discours tordus
Qui rendent plus tragique
L'avenir de notre Terre.
Taisez-vous !
On ne veut plus vous entendre !

Ô peuple d'Afrique ! Ô peuple d'Amérique !
Ô peuple d'Asie ! Ô peuple d'Océanie !
Ô peuple d'Europe !
La terre est notre seule Robe .
La détruire, c'est nous mettre dans le chaos
Et nos progénitures seront sans eaux .

Devrons-nous nous réveiller et choyer la Terre
Notre mère aux amours lunaires
Pour que demeure la lumière sur nos terres ?
Ou préférons-nous dormir longtemps
Pour que demain un feu violent
Nous calcine comme des damans ?

Le mal incurable

Sirotant à merveille
Un verre de jus d'oseille
Au rythme du vent
Sous un soleil ardent,
Soudain, je vis le ciel s'obscurcir
Et la terre gémir et rougir.

Dans ce noir rougeâtre,
J'entendis des cris
Semblables à ceux des chauves-souris.
Des grands et des petits,
Des hommes et des femmes,
Des Noirs et des Rouges,
Des Jaunes et des Blancs crient: Ô COVID-19,
Pourquoi consumes-tu notre vie ?
Pourquoi utilises-tu ce kung-fu de fou
Pour nous jeter dans le trou ?

Je pensais que le soleil allait se lever tôt,
Mais la nuit persiste
Et le virus résiste !
Dans ce noir profond,
Les rues se vident,
Le silence de mort règne,
La psychose s'installe,
Les hôpitaux se saturent
Et des cimetières naissent de terre.

Dans ce noir profond,

L'Asie pleure;

L'Europe est en agonie;

L'Amérique s'extermine;

L'Océanie s'interroge;

L'Afrique s'inquiète;

Le virus s'épanouit;

Les scientifiques s'aveuglent

Et le monde s'effondre .

En un laps de temps,

Des milliers de morts sont enregistrées,

Mais aucun vaccin n'est trouvé.

Est-ce l'apocalypse ou la colère divine ?

Ce mal est-il venu seul ?

Ou il fait juste une digression ?

Seul ou en digression

Les armes sont inefficaces .

L'homme doit désormais se méfier

De petits êtres invisibles à l'œil nu.

Sinon quand ils seront grands,

La Terre périra.

Interrogations

Le monde est-il aveuglé
Par sa recherche effrénée ?
Sinon, pourquoi est-il si faible
Devant des catastrophes et maladies
Jugées maîtrisables et traitables ?
Que nous réserve le futur dans notre vie ?

Pourquoi le monde est-il contre la nature ?
N'est-ce pas qu'il est lui-même nature ?
S'il encourage l'homosexualité,
Que serait la vie sur terre ?
Un vaste jardin
Où rien ne luise les matins ?
Un jardin sans plantes fruitières ?
Un jardin de vieilles gens ?
Plonger tout le monde dans un étang de feu brûlant ?

Que veut le monde ?
Vivre sur d'autres planètes ?
Défier l'Être-Suprême ?
Que désire-t-il exactement ?

NOUVEAUX HORIZONS

Le tourbillon arrive

Ô dieux aux mains sales,
Vous avez assez bu du sang
De pauvres innocents!
Regardez ! Le tourbillon arrive…
Il arrive vers vous pour faire trêve
À vos actions macabres et sans raison ;
Il vous fera boire du violent poison
Et nous préparera un bon terrain
Pour un avenir plein de bons pains.

Ô vautours aux dents de lion ocre,
Vous avez assez fait de cadavres !
Regardez ! Le tourbillon se déchaîne…
Il se déchaîne pour vous mettre la chaîne
Au cou et vous balancer dans les chênes .

Ô chers gourmets de limousine,
Terminés sont vos rares cuisines !
Regardez ! Le tourbillon s'acharne…
Il s'acharne sur vos actions macabres
Pour que le peuple soit le pur ambre
Et qu'il soit aussi épargné d'opprobre .

Ô océans aux ventres ballonnés,
Vous avez assez détourné nos biens !
Regardez ! Le tourbillon court…
Il court vers vous comme un chien
Enragé pour vous capturer et jeter au four.

Ô Chers inventeurs de chômage forcé,
Vous avez assez favorisé les vôtres !
Regardez ! Le tourbillon se dresse…
Il se dresse contre votre vive appétence
Pour le favoritisme et le tribalisme
Pour que renaissent la méritocratie et le patriotisme.

La récréation est terminée !
Rendez-vous avant que le tourbillon n'arrive.

Vent d'espoir

Malgré vos coups d'épée
Et de hache bien aiguisée,
Je vivrai dans un palais
Où je pourrai cicatriser mes plaies .

Malgré votre sadisme accru
Et votre goût de tuerie aigu,
Je vivrai dans le royaume des Dodus
Où je soignerai mes plaies qui puent .

Malgré que je suis encore en prison
Et traité comme un morpion,
Je jetterai cette tenue de dindon
Et je porterai un chapeau de parangon .

Malgré votre votre pouvoir claniste
Qui suscite des séparatistes,
J'arborerai la tunique de pacifiste
Pour que renaisse l'unité,
Pour que refasse surface l'intégrité
Et pour que l'épée cède place à la paix .

Havre de paix

Que vous soyez maghrébins ou subsahariens,
Unanimement, disons halte aux guerres
Et aux scissions qui assombrissent notre Terre !

Levons-nous et serrons-nous la main !
Allons reconstruire notre beau continent
Fortement blessé par des feux violents
Ravivés par des gens aux désirs sanglants !
Inhumons nos conflits parfois obscurs
Qui nous empêchent de voir clair !
Un jour nouveau se lève
Et profitons de sa nourrissante sève !

Sourire aux lèvres et mangeant dans le même plat,
Ô peuple africain, tel est le souhait de Mandela !
Incitons nos compatriotes et voisins à conjuguer
Tous leurs efforts pour ravigoter notre unité !

Une Afrique unie et sans xénophobie
Ne puis être bénéfique qu'à notre train de vie.

Hallelujah! Hallelujah! Hallelujah!
Afrique sera désormais un havre de paix !
Violons et balafons feront tomber nos épées !
Rires et cris de joie donneront de la voix
Et des pas de danse se feront entendre sous tout toit !

De belles étoiles verront le jour sur notre Terre !
Et notre Terre aura les rayons lunaires!

Peuples d'Afrique plus jamais belliqueux
A jamais tous pour fêter un lendemain radieux
Incontestablement notre succès sera comme un
Xephyr hors du commun .

Nouvelle approche

Chers Africains et Africaines,
Disons halte à la fausse rengaine !
La vraie politique ne se fait guère
En faisant des guerres !
La vraie politique ne se fait pas
Dans les réseaux sociaux !
La vraie politique ne se fait pas
En brûlant les emblèmes nationaux !
La vraie politique ne se pas
En criant dans les rues sans carte d'électeur !

La vraie politique ne se fait pas
En étant dieux du tribalisme et des tueurs !
Si nous voulons faire la vraie politique
Et changer notre situation pathétique,
Laissons le monde des haineux,
Laissons le monde des avatars,
Cessons de ternir l'image de notre pays…

La vraie politique se fait sur le terrain,
Avec un programme bien chargé et attirant,
En nous inscrivant massivement
Sur la liste électorale et en prenant part au scrutin.
C'est le seul moyen pour nous sortir
De cet éternel pétrin !
Laissons la politique de siège vide
Elle est celle des peureux qui se laissent périr ;
Elle nourrit davantage les rêves des dictocrates .

La clé du changement

Est désormais dans nos mains .

Utilisons-la à bon escient

Et nous aurons de beaux matins .

Les mots de ma grand-mère

Tous les jours, ma grand-mère me dit avec foi
Que l'Afrique aura de la voix
Et tracera de belles et durables voies,
Si les femmes prennent la place des rois.

Tous les matins, ma grand-mère me dit avec foi
Que l'Afrique gagnera le pari toutes les fois
Et atteindra le cime du très haut toit,
Si les femmes ont assez de poids.

Ma grand-mère me dit toujours avec fermeté
Que l'Afrique retrouvera sa vraie Liberté
Et pourra être un continent respecté,
Si les femmes ont toutes leur dignité.

Pour ma grand-mère,
La femme est la mère d'amour
Qui sait couper court
Les douleurs des chairs à misère.

Pour ma grand-mère,
La femme est la lumière
Impérissable de la Terre.

Pour ma grand-mère
La femme peut construire L'Afrique
Et peut détruire les mains maléfiques
Qui empoisonnent notre chère Terre.
Alors, pourquoi ne pas écouter ma grand-mère ?

Si je ne sais qu'écrire

Si je ne sais qu'écrire,
Je prendrai ma plume pour transcrire
Des mots doux pour donner du sourire
Aux gens qui pataugent dans le pire.

Si je ne sais qu'écrire,
Je prendrai mon stylo pour dire
Halte aux moqueurs rires
Des gens aux dents de vampire.

Si je ne sais qu'écrire,
J'utiliserai des mots-armes
Pour envoyer dans une ardente flamme
Ceux qui nous placent dans leur angle de tir.

Oui, ma plume ne fermera guère ses yeux
Devant une kyrielle d'actes odieux
Posés par des dieux trop ambitieux !

Oui, mes vers tueront les vers
Que ces filous avez mis dans notre cœur
Pour faire boire des verres de douleur
À nos semblables qui cherchent du bonheur !

Oui, mes strophes sont des bombes
Qui enverront dans les tombes
Ces vieillards qui jettent dans les océans
Leurs propres enfants !

Qui pense à fermer ma bouche

Sera mangé par les mouches

Qui viendront tout droit du ciel,

Car Dieu veut faire gaver du miel

Aux gens que vous avez rendus persils.

Voyage

Je voyage loin de mes terres,
Car je m'y sens comme un banni orfèvre,
Piétiné comme la fiente de la chèvre
Et refoulé comme un chien qui a la lèpre.

Je voyage loin d'ici !
Je voyage vers l'infini,
Fuir l'injustice et la détresse.
Là-bas, je trouverai peut-être la liesse !

Je voyage vers une autre destination !
Je refuse de rester dans une nation
Où tout est en état de décomposition.

Je ne voyage ni vers le pays des autres
Ni vers les portes des enfers .
Mais, je voyage vers la Terre
D'idées en or et en fer
Pour qu'au retour je sème de l'allégresse
Dans mon pays où coule de la tristesse .

J'irai là-bas voler du feu
Pour rendre merveilleux et radieux
L'avenir de mes compatriotes malheureux .

J'irai là-bas prendre des lampadaires
Pour revenir éclairer le chemin ténébreux
Des gens dont leur futur semble calamiteux .

J'irai là-bas me procurer le vrai livre de la loi
Pour qu'au retour soient fessés tous les hors-la-loi.

J'irai là-bas aussi acheter l'arbre de Paix
Et revenir le planter dans notre contrée
Afin que se taisent les coups d'épée.

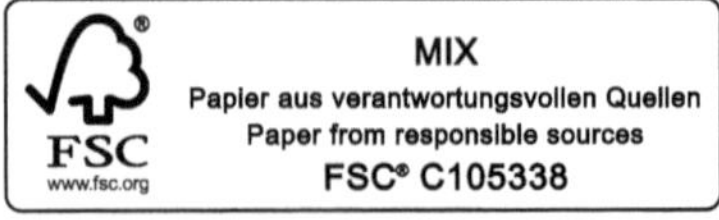

Printed by Books on Demand GmbH, Norderstedt / Germany